T0290239

GO GREEN

Plants make people happy

First edition in 2019 by Monsa Publications,
Gravina 43 (08930) Sant Adrià de Besós.
Barcelona (Spain) T +34 93 381 00 50
www.monsa.com monsa@monsa.com

Editor and Project Director Anna Minguet
Art director & layout Eva Minguet
(Monsa Publications)
Cover image Hass & Co Botanics
Printed by Cachiman Gràfic

Shop online:
www.monsashop.com

Follow us!
Instagram: @monsapublications
Facebook: @monsashop

ISBN: 978-84-17557-01-0
D.L. B 4878-2019

Plants make people happy

monsa

As cities grow denser and open green spaces become scarcer we distance ourselves from nature. But our inherent connection with nature leads us to surround ourselves with plants one way or another. The urge to stay connected to nature suggests that we need it close to us for our wellbeing. Plants can turn our homes into a refuge from the outside world and bring us joy. As well as playing beneficial effects on our mood, they are also able to improve the air quality of our living environment.

Plants are wonderful and make people happy, so why deny ourselves the aesthetic enjoyment of plants when it also comes with emotional and environmental benefits?

One thing we can learn from plants is to grow roots. Growing roots can help us settle down in a place, no matter the size and how high above the ground this place is. Plants can also teach us how to adapt, making the most of our living spaces to feel comfortable, happy and thrive, just like plants germinate and grow —sometimes bending and twisting— to find their way to light.

There are plants hard to grow indoors. Setting these aside, there are plentiful plants that can easily survive within the boundaries of walls and windows. Despite the space and light limitations of city living, some plants find the way to thrive and at the same time bring benefits to those of us who tend them. Care and creativity can overcome these limitations.

One must choose plants that suit a particular environment best, as opposed to what plants one wants. While plants need light to grow, most houseplants do well in indoor light conditions with some variations. Aloe vera, jade plant, croton, snake plant, hibiscus, and ponytail palm among many other light loving plants do well by sunny windows. Low light is good for plants like philodendron, pothos, ZZ plant, Boston fern, monstera, cast iron plant and peace lily. Are all rooms good for all plants? Different plants call for different conditions, but all of them breathe new life into every room of a home, from the living room and kitchen to the bedroom and bathroom.

Plants add colour, texture and dimension to interior spaces. Proportion, scale and balance play an important role when it comes to integrating plants into the décor of a space. A single but prominent plant like a fiddle fig tree or a giant bird of paradise can create a visual impact just as great as a cluster of small dracaenas, spider plants, variegated wax plants and African violets. In fact, in the natural world, plants rarely grow in isolation. They add to each other's beauty, creating artful compositions.

Terrariums are dramatic representations of the natural world on a minute scale. Not only has this art made its way into home decoration, but it also has awakened the creative inner self of some to reflect their personal relationship with nature.

There is much more to homes filled with plants than meets the eye. Beyond the beauty that plants can bring into our homes, there is an ever-changing element that fills our living environments and our souls like a rite of rejuvenation. Plants bring vitality, growth and good vibes. When we invite plants into our home, we breathe cleaner air and we are happier. Caring for them is to nurture our relationship with nature and a reminder that we evolved from it.

A medida que las ciudades se vuelven más densas y los espacios verdes se vuelven más escasos, nos distanciamos de la naturaleza. Pero nuestra conexión inherente a ella nos lleva a rodearnos de plantas de una manera u otra para nuestro bienestar, convirtiendo nuestros hogares en refugios al margen del mundo exterior y aportándonos alegría. Además de tener efectos beneficiosos en nuestro estado de ánimo, las plantas también son capaces de mejorar la calidad del aire de nuestro entorno habitual.
Las plantas son maravillosas y nos hacen felices, así que ¿por qué privarnos del placer estético de su presencia cuando viene acompañado de beneficios emocionales y ambientales?
Una cosa que podemos aprender de las plantas es a echar raíces. Las raíces nos pueden ayudar a asentarnos en un lugar, sin importar el tamaño de este lugar y a que altura del suelo se encuentra. Las plantas también pueden enseñarnos a adaptarnos, a aprovechar al máximo nuestros espacios habituales para sentirnos cómodos, felices y prósperos, al igual que las plantas germinan y crecen -a veces dobladas y retorcidas- para encontrar su camino hacia la luz.
Hay plantas difíciles de cultivar en espacios interiores. A parte de éstas, muchas son las que pueden subsistir facilmente dentro de los límites que marcan las paredes y las ventanas. A pesar de las limitaciones de espacio y de luz que impone la vida en la ciudad, algunas de ellas encuentran la manera de crecer y, a la vez, aportar beneficios a quienes las cuidan. Con cuidado y creatividad, estas limitaciones pueden ser superadas.
Hay que elegir las plantas que mejor se adaptan a un entorno dado, en lugar de las que uno desea. Aunque en general las plantas necesitan luz natural para crecer, la mayoría se adaptan bien a las condiciones de luz interior, con algunas variaciones. El aloe vera, la planta de jade, el crotón, la sanseviera, el hibisco y la pata de elefante, entre muchas otras amantes de la luz, medran bien cerca de unas ventanas soleadas. La luz baja es buena para plantas como el filodendro, el potos, la zamioculca, el helecho común, la costilla de Adán, la pilistra y la flor de la paz. ¿Todas las habitaciones son adecuadas para todas las plantas? Diferentes plantas requieren diferentes condiciones, pero todas ellas infunden nueva vida a cada habitación de una casa, desde la sala de estar y la cocina hasta el dormitorio y el baño.
Las plantas añaden color, textura y dimensión a los espacios interiores. La proporción, la escala y el equilibrio juegan un papel importante a la hora de integrar las plantas en la decoración de un espacio. Una sola pero llamativa, como la higuera hoja de violín o un ave del paraíso gigante, puede crear un impacto visual tan grande como un grupo de pequeñas drácenas, cintas, plantas de cera jaspeadas o violetas africanas. Es cierto que, en el mundo natural, rara vez las plantas crecen aisladas. Unas uniéndose a la belleza de las otras creando composiciones pictóricas.
Los terrarios son representaciones espectaculares del mundo natural a escala diminuta. Este arte no sólo ha hecho un hueco en la decoración de interiores, sino que también ha despertado la creatividad innata de algunos para reflejar su relación personal con la naturaleza.
Detrás de la decoración de las casas llenas de plantas, hay mucho más. A parte de la belleza que las plantas pueden aportar a nuestros hogares, hay un elemento siempre cambiante que llena nuestros ambientes y nuestras almas como un rito de rejuvenecimiento. Las plantas aportan vitalidad, crecimiento y buenas vibraciones. Cuando traemos plantas a nuestra casa, respiramos aire más limpio y somos más felices. Cuidarlas es cultivar nuestra relación con la naturaleza y encontrar un vínculo con nuestros orígenes lejanos.

Image courtesy of Hass & Co Botanics

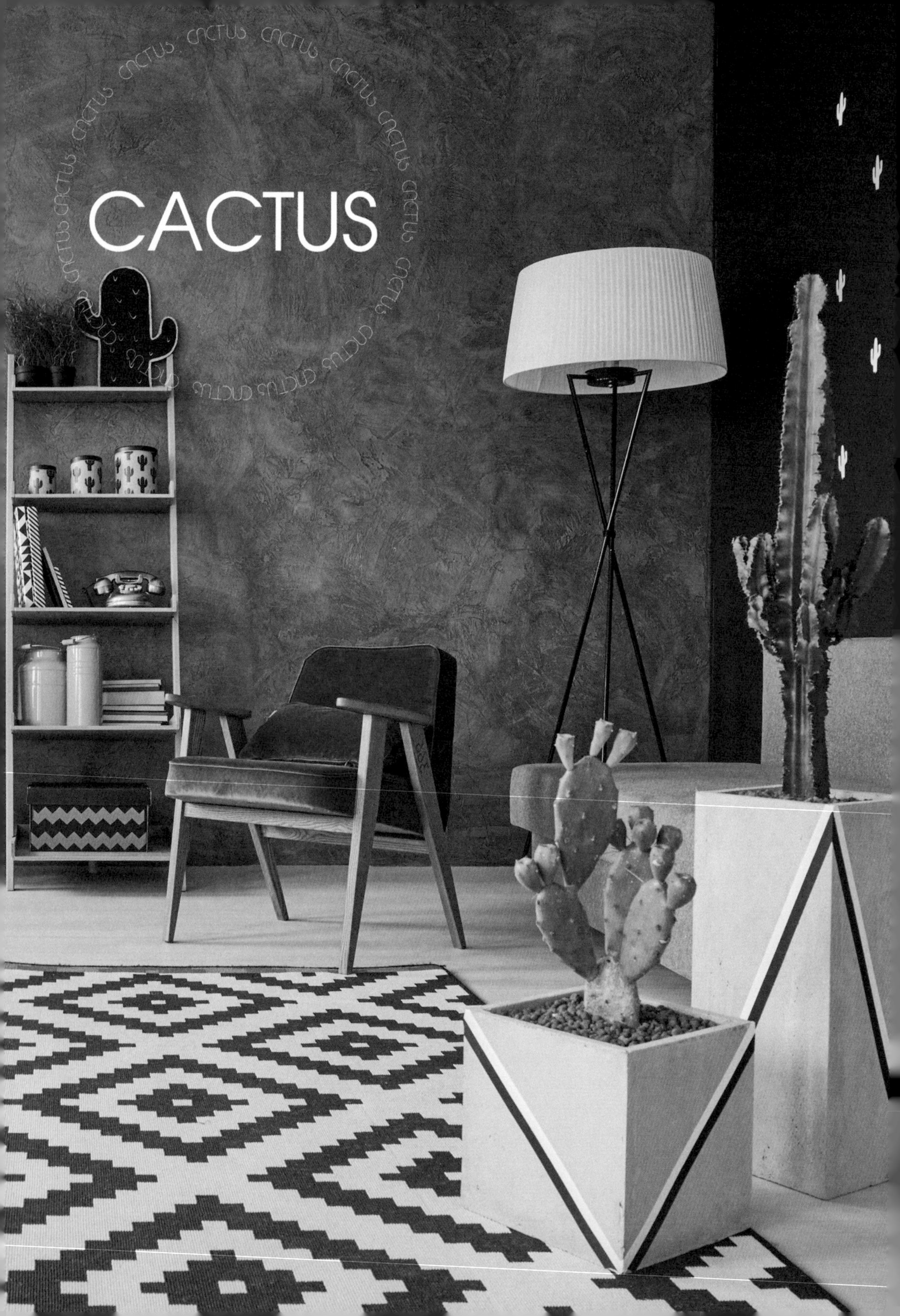

CACTUS

CACTUS
CACTUS

Thorny, with fun shapes and excellent decorative accessories. They are among the most popular and easy care plants out there. The styling opportunities are endless. To get the best decoration, the secret is to combine different types of cactus, taking into account its texture, color and size.

Son espinosos, con formas divertidas y excelentes accesorios decorativos. Se encuentran entre las plantas más populares y fáciles de cuidar que existen. Para conseguir la mejor decoración, el secreto es combinar diferentes tipos de cactus, teniendo en cuenta su textura, color y tamaño.

The variety of cacti is very wide: the smallest specimen does not exceed one centimeter in height, while the largest can reach 18 meters.

La variedad de los cactus es muy amplia: las especies más pequeñas no superan el centímetro de altura, mientras que las más grandes pueden alcanzar incluso los 18 metros.

DECOR-TIP

An interior decoration based on clean lines, geometric forms and a limited colour palette of white and shades of grey sets the tone for the room. Mottled surfaces and various patterns and textures add strong graphic elements to create visual interest.

Una decoración interior basada en líneas limpias, formas geométricas y una paleta de colores de blanco y gris marcan el tono de la habitación. Superficies moteadas y una variedad de patrones y texturas añaden potentes elementos gráficos para crear interés visual.

For cacti, it is better to use clay pots or bowls, putting a drainage layer (volcanic earth, clay balls or gravel) in the bottom of the pot as well as another layer on the surface, which serves as a decorative element, and so that the base of the cactus is not directly in contact with the moist soil when it is watered.

Para los cactus, es mejor emplear macetas de barro o cuencos, poniendo en el fondo de la maceta una capa de drenaje (tierra volcánica, arlita o gravilla) así como otra capa en la superficie, que sirve como elemento decorativo y para que la base del cactus no esté directamente en contacto con la tierra húmeda cuando se riegue.

Succulents are plants that store water in their leaves and stems so that they can tolerate dry conditions.

Las plantas suculentas almacenan agua en sus hojas y tallos para poder tolerar condiciones secas.

The ideal location for cacti is near a sunny window.

El lugar ideal para los cactus es cerca de una ventana soleada.

^ Images courtesy of Bag Disseny Studio

Care Tips

Cactus

It is advisable to fertilize the substrate in which they are, and after a few years, move them to a bigger container.
Conviene fertilizar el sustrato en el que se encuentren, y después de unos años, trasplantarlos a un recipiente mayor.

The specimens provided with hairs or strong thorns require full sun; while others with few thorns and the succulents require a certain shade.
Las especies provistas de pelos o espinas fuertes requieren pleno sol; mientras que las especies con pocas espinas y las crasas requieren una cierta sombra.

It is advisable to water the cactus once a month in winter and once a week in summer.
Se aconseja regar los cactus una vez al mes en invierno y una vez a la semana en verano.

Above 20°C
Por encima de 20°C

ALEXANDER KANYGIN

http://alexanderkanygin.com

@alexanderkanygin

Photo credits:

© Anna Prilutckaia

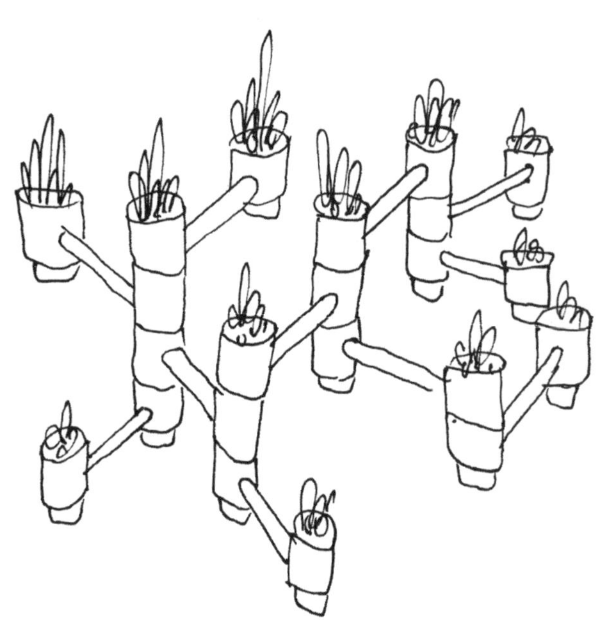

FERMA

Materials & Dimensions:
Ceramic
Modular system
Ferma is a modular system for the display of small plants such as succulents and cacti. Minute flowerpots are articulated by arms, creating customised forms that remind of the ball-and-stick models of chemical bonds.

Materiales y Dimensiones:
Cerámica
Sistema modular
Ferma es un sistema modular de pequeñas macetas para variedades de pequeño tamaño como suculentas y cactus. Las macetas se articulan mediante brazos, creando formas personalizadas que recuerdan a las representaciones gráficas de símbolos químicos.

BAG DISSENY STUDIO LIVINGTHINGS

www.studiobagdisseny.com
www.wearelivingthings.com
@wearelivingthings
Photo credits:
© JORROC and BAG Disseny Studio

TRIPOT

Materials & Dimensions:
Ceramic and paint
Ø 270 mm x H 100 mm (Large)
Ø 210 mm x H 80 mm (Medium)
Ø 155 mm x H 50 mm (Small)
TriPot or an upside down wide-brim hat? TriPot is a line of three planters of different sizes that can be displayed together or separate. The appeal of this attractive design lies in its versatility, allowing various uses, from plant container to penholder.

Materiales y Dimensiones:
Cerámica y pintura
Ø 270 mm x AL 100 mm (grande)
Ø 210 mm x AL 80 mm (mediano)
Ø 155 mm x AL 50 mm (pequeño)
¿TriPot o un sombrero de ala ancha boca abajo? TriPot es una línea de tres macetas de diferentes tamaños que se pueden mostrar juntas o separadas. El encanto de este atractivo diseño radica en su versatilidad, que permite diversos usos, desde maceta hasta portalápices.

EKATERINA VAGURINA

http://vagurinka.com
@vagurinka
@vagurinka_design
Photo credits:
© Crispy Point Agency

FITODROM

Materials & Dimensions:
Wood and ceramic
W 60 x D 55 mm x H 610 / 710
FitoDrom is also a wall-mounted planter formed by a wood support and small ceramic planters. The planters are of different shapes and can be arranged vertically along the support.

Materiales y Dimensiones:
Madera y cerámica
AN 60 x PR 55 mm x AL 610 / 710
FitoDrom es también un conjunto de jarroncillos de pared formado por un soporte de madera y pequeños recipientes cerámicos. Los recipientes tienen diferentes formas y se pueden colocar verticalmente a lo largo del soporte.

FITOCAPSULE

Materials & Dimensions:
Ceramic and brass
W 110 x D 170 mm x H 190
Fitocapsule is a wall-mounted decorative planter composed of two parts: a cylindrical ceramic vase and a brass support. The combination of the vase's stark elegance and the plant's organic beauty make for a sophisticated focal point in home décor.

Materiales y Dimensiones:
Cerámica y latón
AN 110 x PR 170 mm x AL 190
Fitocapsule es un jarrón decorativo de pared que consta de dos partes: un jarrón cilíndrico de cerámica y un soporte de latón. La combinación de la austera elegancia del jarrón y la belleza orgánica de la planta hacen que sea un punto focal sofisticado en la decoración del hogar.

SPROUT HOME

www.sprouthome.com

Brooklyn: @sprouthomebrooklyn

Chicago: @sprouthomechicago

Photo credits:

© Sprout Home

© Ramsey DeGive

Sprout Home creates well thought out design pieces utilising unusual plants and flowers that anyone can enjoy in their home or work environment. Sprout Home's mission is to get people excited about plants, educating about care, and bringing about the overall greening experience to one's life.

Sprout Home crea piezas de diseño bien pensadas utilizando plantas y flores inusuales que todo el mundo puede tener en casa o en el lugar de trabajo. La misión de Sprout Home es lograr que la gente se entusiasme con las plantas, educar sobre el cuidado de estas y llevar la experiencia ecológica a la vida de cuantas más personas mejor.

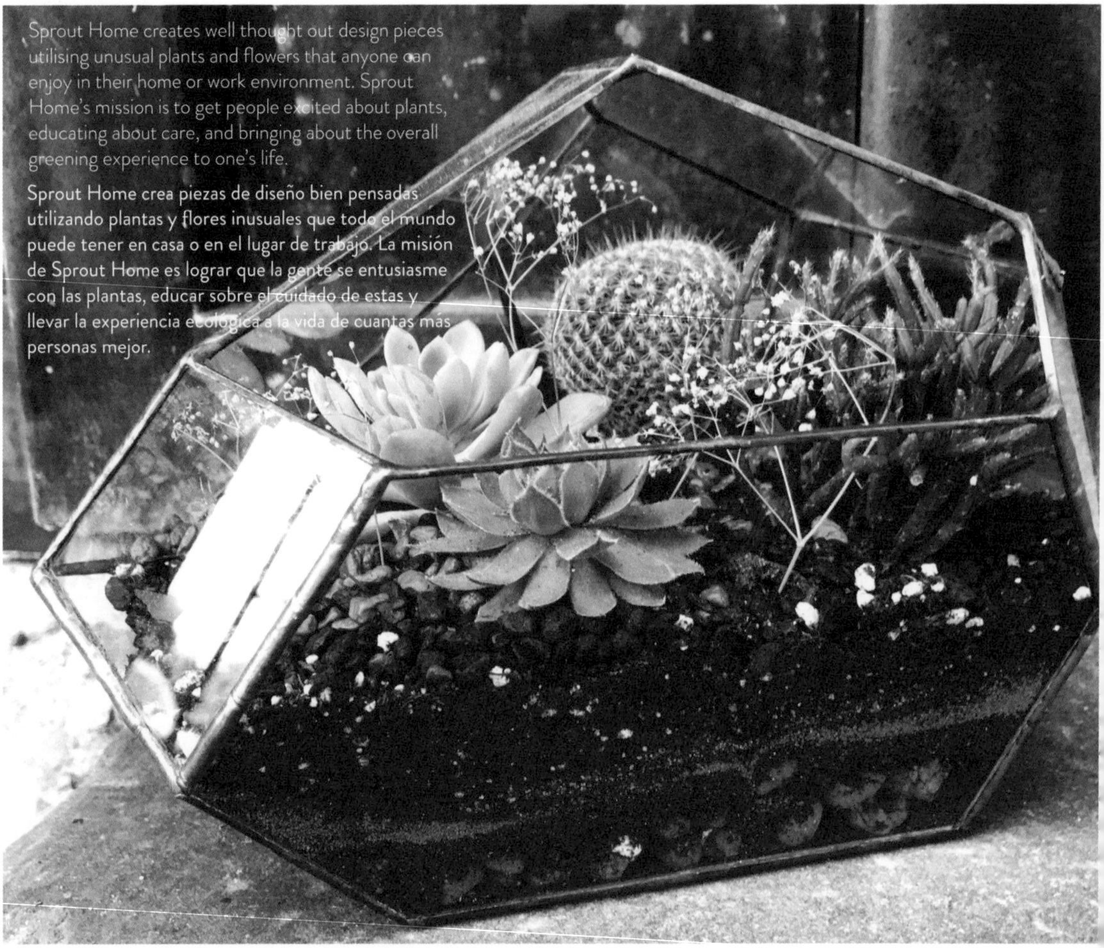

Along with pre-potted imaginative constructions, Sprout Home also offers a vast selection of unusual plants, flowers and vessels for one to enjoy. Explore the diverse world of green design at Sprout Home's retail locations in Brooklyn and Chicago while obtaining helpful instructions from their staff about how to care for your new found green.

Junto con construcciones imaginativas pre envasadas, Sprout Home también ofrece una amplia selección de plantas, flores y vasijas originales. Explore el diverso mundo natural en las tiendas de Sprout Home en Brooklyn y Chicago mientras que sus empleados le dan instrucciones útiles sobre cómo cuidar de su nuevo espacio verde.

TREE-LIKE PLANTS

TREE-LIKE PLANTS
ARBÓREAS

Dragon tree, bird of paradise, fishtail palm, European olive, and triangle ficus are some examples of tree-like plants that can thrive indoors provided they have adequate light and care. Tall ceilings allow for a more varied selection of tree-like plants, which in turn offer opportunities to create bold statements.

El drago, el ave del paraíso, la palma de cola de pez, el olivo y el ficus son algunos ejemplos de plantas arbóreas que medran en interiores siempre que tengan la luz y el cuidado adecuados. Los techos altos permiten una selección más variada de plantas arbóreas, que a su vez ofrecen oportunidades para crear efectos de diseño más atrevidos.

Fresh, beautiful, and alive, plants have a soothing quality and transmit good vibes. According to some plant experts, bringing nature decoration not only creates visual interest but also promotes rest.

Frescas, hermosas y vivas, las plantas tienen una cualidad calmante y transmiten buenas vibraciones según algunos expertos en plantas. Incorporar elementos naturales en la decoración, no sólo ofrece un interés visual, sino también una invitación al descanso.

The Ficus is the best-known tree of interiors. The most common variety is the Ficus Benjamina due to its beauty and strength. It is good to prune them regularly to prevent them from growing too much.When pruning the upper branches it favors a greater growth of leaves in the lower part and it is possible that the set wins in frondosidad. Also, as they are multiplied by cuttings, the cut branches can give rise to new specimens.

El Ficus es la planta arbórea de interiores más conocida. La variedad más común es el Ficus Benjamina por su frondosidad y fortaleza. Es bueno podarlos para evitar que crezcan demasiado. Al podar las ramas superiores se favorece un mayor crecimiento de hojas en la parte inferior y se logra que el conjunto gane en frondosidad. Además, como se multiplican por esquejes, las ramas cortadas pueden dar lugar a nuevos ejemplares.

Care Tips

Ficus benjamina

Once you have decided the ideal place for your plant, it is advisable to keep it in the same place and not move it again. The effort to adapt to a new habitat removes vitality from the plant.
Una vez que hayas determinado el lugar idóneo para tu planta, es recomendable mantenerla en el mismo sitio y no moverla de nuevo. El esfuerzo de adaptarse a un nuevo hábitat le resta mucha vitalidad a la planta.

It adapts very well to low light conditions, however you should try to provide it with as much natural light as possible.
Se adapta muy bien a condiciones de poca luz, pero se debe procurar que le dé la mayor cantidad posible de luz natural.

They need little watering: twice a week in summer and once in winter. Make sure the soil is dry before watering again.
Necesitan poco riego: dos veces por semana en verano y una en invierno. Asegúrate de que la tierra esté seca antes de regar de nuevo.

Between 13°C and 24°C
Entre los 13°C y 24°C

A fiddle fig tree, native to the rainforests of western and central Africa, it thrives in warm and humid environments.
The fiddle fig tree has won its way into home decoration thanks, in part, to its impressive large, wavy leaves.

Una higuera de hojas de violín, también llamada ficus lira, originaria de las selvas tropicales de África occidental, crece en ambientes cálidos y húmedos. El ficus lira se ha impuesto en la decoración del hogar gracias a sus impresionantes hojas grandes y onduladas.

The areca palm produces attractive arching fronds with narrow leaflets. It makes a great visual impact due to its large size.

La palmera de areca produce atractivas cintas arqueadas con folíolos estrechos. Debido a su gran tamaño, produce un gran impacto visual.

DECOR-TIP

Play with symmetry, plant sizes, forms and colors to create well-balanced compositions, bringing harmony to a place. Pots rounds off a decoration with all the accoutrements of natural beauty and serenity.

Los juegos de simetría y la distribución de plantas de diferentes tamaños, formas y colores crean composiciones equilibradas que aportan armonía. Las macetas completan una decoración con todo el refinamiento de la belleza natural y la serenidad.

In home offices, where the organisation is key, some will say that a tidy room helps to concentrate. But according to plant experts, not only do plants facilitate concentration, but they also reduce stress levels and promote productivity.

En los despachos, donde la organización es clave, algunos piensan que una habitación ordenada les ayuda a concentrarse. Sin embargo, según los expertos en plantas, estas no sólo facilitan la concentración, sino que también reducen los niveles de estrés y fomentan la productividad.

The Bird of Paradise is a plant that attracts a lot of attention because of its stunning flowers of radiant and cheerful colors. It can be planted outdoors in warm weather, and also in bright interiors.

El Ave del paraíso es una planta que llama mucho la atención por sus curiosas flores de colores muy vivos y alegres. Puede plantarse en exteriores con clima cálido, y también en interiores luminosos.

CASCADING PLANTS

CASCADING PLANTS
PLANTAS EN CASCADA

There are a great variety of hanging plants, of very different colors, shapes, sizes and textures. The ceiling is just one of the many places where you can hang them. Shelves, tables and in short, any place that allows them to display their long stems and grow, would also be a suitable place.

Existen una gran variedad de plantas colgantes, de colores, formas, tamaños y texturas muy diferentes. El techo, es sólo uno de los muchos lugares donde podrás colgarlas. Las estanterías, las mesas y en definitiva, cualquier lugar que les permita lucir sus largos tallos y crecer serían también un lugar idóneo.

Cascading plants are a good solution when space is tight. The philodendron, spider plant and devil's ivy produce trailing stems that drape beautifully off window sills and shelves.

Las plantas en cascada son una buena solución cuando el espacio es reducido. El filodendro, las cintas y el poto producen tallos que caen con gran belleza desde las ventanas y los estantes.

DECOR-TIP

Due to its great capacity for adaptation and the little care it requires, devil's ivy is one of the most common plants in interior spaces. This plant purifies the environment, since it eliminates toxic substances such as formaldehyde, benzene and xylene.

Debido a su gran capacidad de adaptación y a las pocas atenciones que requiere, el poto es una de las plantas más comunes en espacios interiores. Purifica el ambiente, ya que elimina sustancias tóxicas como el formaldehído, el benceno y el xileno.

Care Tips

Devil's ivy / Poto

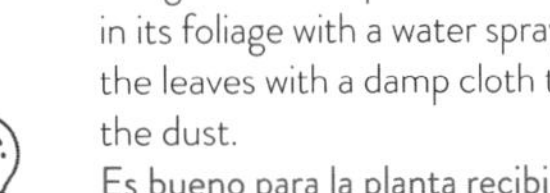

It is good for the plant to receive moisture in its foliage with a water spray and clean the leaves with a damp cloth to remove the dust.
Es bueno para la planta recibir humedad en su follaje con un pulverizador de agua y limpiar las hojas con un paño húmedo para quitarles el polvo.

It is convenient to place it in a bright place: the more light it receives, the faster it grows.
Conviene ubicarlo en un lugar luminoso: cuanta más luz recibe, más rápido crecerá.

Water when, to the touch, the substrate feels dry. This is normally every 4 or 5 days in summer and every 10 or 12 in winter.
Regar cuando, al tacto, el sustrato se note seco. Normalmente cada 4 ó 5 días en verano y cada 10 ó 12 en invierno.

Between 15°C and 20°C
Entre los 15°C y 20°C

CARE-TIP
Cascading plants can be grown in small pots and still be very long. Of course, it is important that they do not drag on the ground or get tangled together.
Las plantas en cascada se pueden cultivar en maceteros pequeños y aún así llegar a ser muy largas. Eso sí, es importante que esas "melenas" no arrastren por el suelo ni se enmarañen entre sí.

ATELIER SCHROETER

www.atelier-schroeter.com

@atelier_schroeter

Photo credits:

© Patrick Schroeter

GEODESIC TERRARIUM

Materials:
Stainless steel, steel and brass.
Size:
Made-to-measure.
The Geodesic Terrarium is a handcrafted light fixture inspired by Buckminster Fuller's iconic Geodesic Dome. Its fabrication involves the painstaking welding of over two hundred laser-cut stainless steel triangles. The resulting structure, somewhere between a Victorian glasshouse and a space-age oxygen farm, is lightweight and incredibly strong.

Materiales:
Acero inoxidable, acero y latón.
Tamaño:
Diseño y construcción a medida.
El Terrario Geodésico es una lámpara artesanal inspirada en la icónica Cúpula Geodésica de Buckminster Fuller. Su fabricación consiste en la soldadura de más de doscientos triángulos de acero inoxidable cortados con láser. La estructura resultante, con un aspecto entre invernadero victoriano y granja de oxígeno de la era espacial, es ligera e increíblemente resistente.

The Geodesic Terrarium has a watertight base and a low temperature LED lamp to ensure that plants thrive in an adequate environment. With time, the growing plant takes over the inert metallic structure in a beautiful combination of geometric and organic forms.

El Terrario Geodésico tiene una base impermeable y una lámpara LED de baja temperatura para asegurar que las plantas crezcan en un entorno adecuado. Con el tiempo, la planta en crecimiento se apropia de la estructura metálica inerte en una hermosa combinación de formas geométricas y orgánicas.

KOKEDAMA

KOKEDAMA
ESFERA DE MUSGO

Kokedama —or moss ball in Japanese— is a gardening and decorating idea that creates instant visual appeal especially when suspended. Kokedama can also be displayed in dishes or in terrariums, taking plant decoration to another level.

Kokedama -o esfera de musgo en japonés- es una idea de jardinería y decoración que crea un atractivo visual instantáneo, especialmente cuando está suspendida. El kokedama también se puede exhibir en recipientes o en terrarios, elevando la decoración vegetal a un nivel completamente nuevo.

Unusual ways of decorating with plants, but in fact, the hanging moss ball with orchid is an example of kokedama, a planting style that originated in Japan. This gardening technique adds an unusual, yet delicate touch to any room of a home.

La bola de musgo colgante con orquídea es un ejemplo de kokedama, un estilo de jardinería originario de Japón. Esta técnica añade un toque inusual pero delicado a cualquier habitación de la casa.

They are an ideal option to give a natural touch to closed or reduced spaces, although they can also be located in larger spaces, inside or outside the home.

Son una opción ideal para dar un toque natural a espacios cerrados o reducidos, aunque también se pueden ubicar en lugares más amplios, dentro o fuera del hogar.

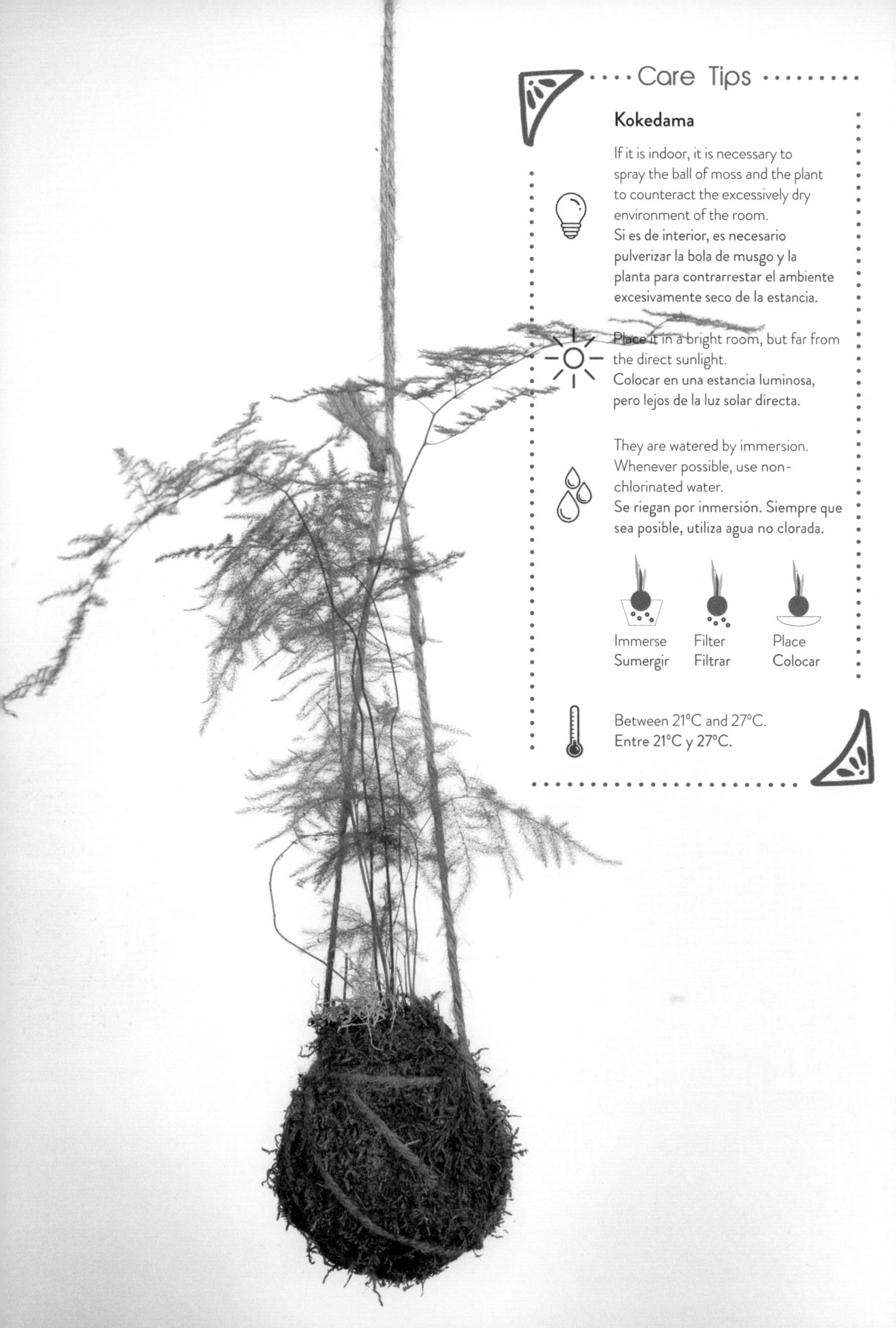

Care Tips

Kokedama

If it is indoor, it is necessary to spray the ball of moss and the plant to counteract the excessively dry environment of the room.
Si es de interior, es necesario pulverizar la bola de musgo y la planta para contrarrestar el ambiente excesivamente seco de la estancia.

Place it in a bright room, but far from the direct sunlight.
Colocar en una estancia luminosa, pero lejos de la luz solar directa.

They are watered by immersion. Whenever possible, use non-chlorinated water.
Se riegan por inmersión. Siempre que sea posible, utiliza agua no clorada.

Immerse
Sumergir

Filter
Filtrar

Place
Colocar

Between 21°C and 27°C.
Entre 21°C y 27°C.

LEAF AND MOSS

www.leafandmossperth.com

@leafandmoss_perth

Photo credits:

© Renee Milne

Leaf & Moss's goal is to "bring the garden inside". It all began when Renee Milne learned how to make terrariums, but Leaf & Moss began to shine as a business when Renee started making *kokedama*. She offers her knowledge of *kokedama* and terrarium-making to those who feel charmed by these two art forms and are enticed to create their own hanging plant-bearing moss ball and miniature natural ecosystem. The possibilities are endless only bound by one's creativity.

El objetivo de Leaf & Moss es "llevar el jardín al interior". Todo comenzó cuando Renee Milne aprendió a hacer terrarios, pero Leaf & Moss comenzó a brillar como negocio cuando Renee comenzó a hacer *kokedama*. Renee ofrece sus conocimientos de *kokedama* y fabricación de terrarios a aquellos que sienten fascinación por estas dos formas de arte, y se ven con ganas de crear su propia bola de musgo colgante y un ecosistema natural en miniatura. Las posibilidades son infinitas y están limitadas únicamente por la capacidad creativa de cada uno.

SYNGONIUM

MONSTERA
MONSTERN MONSTERN MONSTERN MONSTERN MONSTERN

MONSTERA
COSTILLA DE ADÁN

The Monstera has large glossy leaves with deep cuts. This is probably one of the most popular houseplants. Its appearance has earned it many interesting common names such as Adam's rib and Swiss cheese plant.

La Monstera tiene hojas grandes y brillantes con muescas. Es probablemente una de las plantas de interior más populares. Su aspecto le ha valido nombres más comunes como la costilla de Adán y la planta de queso suizo.

If the Monstera is not yet fully grown, it can be placed on a shelf: a proper throne for the queen of the jungle.

Si la Monstera aún no está completamente desarrollada, se puede colocar en un estante: el trono adecuado para la reina de la jungla.

The monstera adapts very well to closed but bright spaces, without receiving direct sunlight, but due to its tropical origin it will always need certain doses of humidity. We should not water it excessively, but sprinkle its shiny leaves from time to time.

La monstera se adapta muy bien a espacios cerrados pero luminosos, sin recibir luz solar directa, pero debido a su origen tropical necesitará siempre de ciertas dosis de humedad. No debemos regarla en exceso pero sí rociar sus grandes y brillantes hojas de vez en cuando.

Care Tips

Monstera

If they are exposed to drafts, there is a risk that they lose their leaves, their main decorative value. It is advisable to clean the leaves every two or three weeks with a damp cloth, in order to remove dust and dirt.
Si se exponen a corrientes de aire, existe el riesgo de que pierdan sus hojas, su principal valor decorativo. Conviene limpiar las hojas cada dos o tres semanas con un paño húmedo, con el fin de quitar el polvo y la suciedad.

We must choose a bright place, but not sunny. The semi-shade locations are the most suitable for the Adam's rib plant.
Debemos elegir un lugar luminoso, pero no soleado. Las ubicaciones en semisombra son las más adecuadas para la costilla de Adán.

This plant needs to be watered frequently. It is necessary to avoid that its substrate dries, but without flooding it, so it is recommended to touch the earth and water it a little when we find that it has lost part of its humidity.
Esta planta requiere ser regada con frecuencia. Hay que evitar que su sustrato se seque, pero sin encharcarlo, por lo que es recomendable tocar la tierra y regar un poco cuando veamos que ha perdido parte de su humedad.

Between 15°C and 20°C
Entre los 15°C y 20°C

As the Monstera Deliciosa grows older, its leaves will get bigger and they will develop more holes. a specimen of interior can reach up to one meter in height and 60 centimeters in diameter.

A medida que la Monstera Deliciosa envejece, sus hojas crecerán y desarrollarán más agujeros. Un ejemplar de interior puede llegar a alcanzar el metro de altura y los 60 centímetros de diámetro.

FACULTATIVE WORKS

www.timvandeweerd.com

@tim.vandeweerd

Photo credits:

© Rene van der Hulst and Tim van de Weerd

Responding to designer Tim van de Weerd's artistic impetus to create objects that bring together the unexpected and the familiar, the Monstera and Carnivora series is a new "species" of planters with spindly legs. The striking designs liberate plants from the traditional ceramic container and give them a more visible presence in home decor. Inspired by the natural world, Monstera and Carnivora planters are extensions of the plants rather than separate items.

Respondiendo al ímpetu artístico del diseñador Tim van de Weerd para crear objetos que unen lo inesperado y lo familiar, las series Monstera y Carnivora son una nueva "especie" de macetas con patas. Los llamativos diseños liberan a las plantas del tradicional contenedor de barro y les dan una presencia más visible en la decoración del hogar. Inspirados en el mundo natural, las macetas Monstera y Carnivora son extensiones de las plantas más que elementos separados.

CARNIVORA

Materials & Dimensions:
Porcelain. Available in white-grey, pebble-grey, pine-green, laurel-green and ochre.
Ø 120 mm x H 170/220/270 mm
Carnivora is a series of handmade small porcelain planters that seem to run off with their plants.

Materiales y Dimensiones:
Porcelana. Disponible en gris-blanco, gris-piedra, verde-pino, verde-laurel y ocre.
Ø120 mm x AL 170/220/270 mm
Carnivora es una serie de pequeñas macetas de porcelana hechas a mano que parecen huir con sus plantas.

MONSTERA

Materials & Dimensions:
Steel frame, hand-sculpted epoxy clay and high gloss coating.
Available in white-grey.
Ø 280 mm x H 750/1250/1550 mm
The Monstera Magnifica is the tall, exalted version of this striking design, the Monstera Fugiens shows the plant as a fleeing object and the Monstera Crescens stands out above all tables and sofas.

Materiales y Dimensiones:
Estructura de acero, arcilla epoxi esculpida a mano y recubrimiento de alto brillo. Disponible en blanco-gris.
Ø 280 mm x AL 750/1250/1550 mm
Monstera Magnifica es la versión alta y exaltada de este llamativo diseño, la Monstera Fugiens muestra la planta como un objeto que huye y la Monstera Crescens destaca sobre todas las mesas y sofás.

TERRARIUMS

TERRARIUMS
TERRARIOS

Terrariums make for attractive green focal points in home decoration. These glass-contained miniature gardens bring life indoors, the same way aquariums do with fish. Terrariums probably owe part of their popularity to their containers, which can complement the rest of the home décor, as simple or as ornate as one wishes.

Los terrarios son atractivos focos de atención en la decoración del hogar. Estos jardines en miniatura y acristalados dan vida a los interiores, de la misma manera que los acuarios con los peces. Los terrarios deben su popularidad a sus recipientes, que pueden complementar la decoración de una casa, de forma tan simple o tan elaborada como se desee.

Inside this glass container, is where nature follows its course almost autonomously, requiring little watering and tending.

En el interior de este contenedor de cristal, es donde la naturaleza sigue su curso de forma casi autónoma, requiriendo poco riego y cuidado.

<Image courtesy of Twing Terrariums
>Image courtesy of The Mosshelter

-DIY TERRARIUM-

CREATE YOUR OWN TERRARIUM:

Materials:
A container (preferably glass)
Plants (that need the same tending, we recommend succulents and cacti)
In the base you can use hay, moss, tree bark, fertilized soil, gravel or decorative stones... (you can buy them in any plant nursery)

Steps: for a terrarium with succulents and cacti.

1. create the base inside the container in layers, one with pieces of moss and another with a bit of hay, so that it is well distributed.

2. Remove the excess soil from the roots, so that they adapt well.

3. Accommodate your plants, make a hole in the ground where you want to place them (we recommend placing the largest ones in the back). Now add pieces of bark around them to strengthen their stability, and once you have all the plants in place, create another layer of hay to protect them.

4. Water the plants a little and... congratulations! You already have your terrarium.

CREA TU TERRARIO:

Materiales:
Un contenedor (de vidrio preferentemente)
Plantas (que necesiten el mismo cuidado, recomendamos suculentas y cactáceas)
Para la base puedes utilizar heno, musgo, corteza de árbol, tierra abonada, gravilla o piedras decorativas... (se pueden comprar en cualquier vivero)

Pasos: para un terrario con suculentas y cactáceas.

1. Haz la base dentro del contenedor por capas, una con trozos de musgo y otra con un poco de heno, de manera que quede bien distribuido.

2. Quita la tierra que sobra de las raíces, para que se adapten bien.

3. Acomoda tus plantas, haz un hueco en la base para colocarlas (recomendamos poner las más grandes en la parte trasera), una vez colocadas ponles alrededor trozos de corteza para fortalecer su estabilidad, y una vez tengas todas las plantas en su sitio, vuelve a poner otra capa de heno para protegerlas.

4. Riega un poco las plantas y ¡enhorabuena, ya tienes tu terrario!

<Image courtesy of Jeffrey Terrariums
>Image courtesy of The Mosshelter

Image courtesy of Nui Studio

^ Image courtesy of Capsule Gardens

-MAKER-

CAROLINE WETTERLING

FOR DESIGN HOUSE STOCKHOLM

www.carolinewetterling.com
http://designhousestockholm.com
@designhousestockholm

Photo credits:

GROW GREENHOUSE

Materials:
Clear glass.
Dimensions:
Small: Ø 8 cm, H 14 cm (Ø 3", H 5.5")
Large: Ø 13 cm, H 24 cm (Ø 5", H 9.5")
X-large: Ø 20 cm, H 32 cm (Ø 8", H 12.5")
Care:
Dishwasher safe.

Grow is a greenhouse for nature's smallest plants and a nursery for plants in their first stages of life. The egg-shaped vessel is made of two glass parts: one is the container for the soil and the plants; the other is a lid with a spout, which allows its use as a watering can. The spout also works as a valve that allows air flow, regulating moisture and temperature levels.

Materiales:
Cristal transparente.
Dimensiones:
Pequeño: Ø 8 cm, AL 14 cm (Ø 3", AL 5.5")
Grande: Ø 13 cm, AL 24 cm (Ø 5", AL 9.5")
Extra grande: Ø 20 cm, AL 32 cm (Ø 8", AL 12.5")
Cuidado:
Apto para lavavajillas.

Grow es un invernadero para las plantas más pequeñas de la naturaleza y un vivero para las plantas en sus primeras etapas de vida. El recipiente en forma de huevo se compone de dos partes de cristal: una es el recipiente para la tierra y las plantas; la otra es una tapa con pico, que permite su uso como regadera. El caño también funciona como una válvula que permite el flujo de aire, regulando los niveles de humedad y temperatura.

RICHARD CLARKSON

www.richardclarkson.com

@richardclarksonstudio

Photo credits:

© Richard Clarkson

GLOBE TERRARIUM

Materials & Dimensions:
Hand blown glass, brass, steel, wire rope, LED.
Ø 200 and 300mm

Globe combines the elegant simplicity of hanging ball lights and the natural appeal of terrariums. It provides a magnified 360-degree view of foliage planted within. Ferns, mosses and some varieties of succulents and small houseplants thrive inside Globe. Placed near a window, Globe projects plant silhouettes onto nearby surfaces, mimicking sunlight through tree leaves. These silhouettes and projections subtly sway as indoor breezes interact with Globe.

Materiales y Dimensiones:
Vidrio soplado a mano, latón, acero, cable de acero, LED.
Ø 200 y 300mm

Globe combina la elegante simplicidad de las luces esféricas colgantes con el atractivo natural de los terrarios. Ofrece una vista ampliada de 360 grados del follaje plantado en el interior. Helechos, musgos y algunas variedades de suculentas y pequeñas plantas de interior crecen dentro de Globe. Colocado cerca de una ventana, Globe proyecta siluetas de plantas sobre superficies cercanas, evocando la luz del sol a través de las hojas de los árboles. Estas siluetas y proyecciones se balancean sutilmente a medida que interactuan una brisa.

GREEN FACTORY

www.greenfactory.fr
@green_factory
Photo credits:
© Philippe Billard

Established in 2014, Green Factory reconciles urbanity and nature by providing meticulously handmade terrariums. Noam Levy, an enthusiastic plant lover and collector, dreamed of a miniature paradise. After experimenting and sourcing for years, he finally found the best plants that thrive in a moist environment. These specimens have become the signature plants in his naturally beautiful terrariums.

Fundada en 2014, Green Factory concilia lo urbano y lo natural creando terrarios meticulosamente hechos a mano. Noam Levy, un entusiasta amante de las plantas y coleccionista, soñaba con un paraíso en miniatura. Después de experimentar y buscar durante años, finalmente encontró las mejores plantas que prosperan en un ambiente húmedo. Estos especímenes se han convertido en las plantas emblemáticas de sus terrarios de gran belleza natural.

The birth of Green Factory is above all, the will to balance urban life and nature with little implication and care, but mainly for the enjoyment.

El comienzo de Green Factory surge de la voluntad de equilibrar la vida urbana y la naturaleza con poca implicación y cuidado, pero, sobre todo, surge para el mero goce.

MICHELLE BAILYN-INCIARRANO AND KATY MASLOW TWIG TERRARIUMS

www.twigterrariums.com

@twigterrariums

Twig Terrariums is a verdant venture that sprung from the minds of two old friends, Michelle Inciarrano and Katy Maslow. With design in mind, these artists create fantastic miniature living landscapes.

Twig Terrariums es una aventura ecológica que surgió de las mentes de dos amigas, Michelle Inciarrano y Katy Maslow. Con el diseño como hilo conductor, estas artistas crean fantásticos paisajes vivientes en miniatura.

Each Twig creation contains something special - a snapshot in miniature of one's daily life or passions; a brief moment of urban living amongst the mosses; a bucolic scene of a Yogi by a waterfall; grazing sheep on rolling hills. Twig is about perspective and perception, creating lush backdrops for whimsical scenes.

Cada creación de Twig contiene algo especial: una instantánea en miniatura de la vida cotidiana o de nuestras pasiones; un breve momento de vida urbana entre trozos de musgo; una escena bucólica con un yogui junto a una cascada; ovejas pastando en unas colinas. Twig juega con la perspectiva y la percepción creando así exuberantes telones de fondo para escenas inusuales.

KINOCORIUM

www.kinocorium.net
@kinocorium
Photo credits:
© Kazunori Higuchi

Kinocorium's speciality is the cultivation of mushrooms in terrariums, an art in itself combining craft and science. The creator of these fantastic miniature fungi worlds emphasises the short life of his creations, spanning between one and two weeks. On the bright side, the experience is extraordinary. "Every day I work hard on producing my mushroom terrariums while enjoying both the fun of growing and the fun of creating."

La especialidad de Kinocorium es el cultivo de setas en terrarios, un arte en sí mismo que combina artesanía y ciencia. El creador de estos fantásticos mundos de hongos en miniatura enfatiza la corta vida de sus creaciones, que se extiende entre una y dos semanas. La experiencia es extraordinaria. "Todos los días trabajo duro en la creación de mis terrarios de hongos mientras disfruto de la diversión de ver crecer y crear."

The mushroom part is called the fruiting body and is similar to flowers when speaking about plants. Even if the fruiting body dies, the mycelium of the mushroom may remain alive. As long as the mycelium is alive, mushrooms keep growing, sometimes, up to three times a year.

La parte de los hongos se llama cuerpo fructífero y es el equivalente de la flor cuando se habla de plantas. Incluso si el cuerpo fructífero muere, el micelio del hongo puede permanecer vivo. Mientras el micelio esté vivo, los hongos siguen creciendo, en ocasiones, hasta tres veces al año.

THE MOSSHELTER

@themosshelter
Photo credits:
© Lucia Scanelli Malagò

The Mosshelter es un proyecto iniciado en 2017 por Marco Cesari. Viajó a Australia donde tuvo la oportunidad de estudiar la fascinante flora local antes de regresar a su ciudad natal de Ferrara, Italia. En un principio, Marco Cesari combinó sus conocimientos sobre plantas y acuarios para crear atractivos terrarios para plantas y musgo. Más tarde, introdujo otras artes florales como el kokedama y el wabikusa, que a menudo incorpora en sus diseños de interiores.

The Mosshelter is a project originated in 2017 by Marco Cesari. He travelled to Australia where he had the opportunity to study the fascinating local flora before returning to his hometown of Ferrara, Italy. At first, Marco Cesari combined his knowledge about plants and aquariums to create eye-catching mossariums and terrariums. Later, he introduced other floral arts such as kokedama and wabikusa, which he often incorporates in his home interior designs.

CAPSULE GARDENS

www.capsulegardens.com

@capsulegardens

Photo credits:

© 35mm, Belén Mora Leal, Kamila Grecka y Stern von Steinbock

CAPSULE GARDENS

Capsule Gardens produces terrariums for people who value design, nature and ecological trends. Capsule Gardens is Kamila Grecka's personal project. It aims at introducing nature into people's homes in response to the weak connection between the urban environment and nature. Kamila creates decorative handmade products to beautify and "greenify" the home, allowing city dwellers to enjoy nature even if encapsulated in glass containers.

Capsule Gardens produce terrarios para personas que valoran el diseño, la naturaleza y las tendencias ecológicas. Capsule Gardens es el proyecto personal de Kamila Grecka. Su objetivo es introducir la naturaleza en los hogares de las personas en respuesta a la débil conexión entre el entorno urbano y la naturaleza. Kamila crea productos decorativos hechos a mano para embellecer y "ecologizar" el hogar, permitiendo que los habitantes de la ciudad disfruten de la naturaleza aunque esté encapsulada en recipientes de vidrio.

According to Kamila, her work is a botanical and artisanal project with a minimalist and modern approach. She also adds: "Terrariums reduce stress, fill the home with harmony and peace and allow for a deeper connection with the natural world."

Según Kamila, su trabajo es un proyecto botánico y artesanal con un enfoque minimalista y moderno. También añade: "Los terrarios reducen el estrés, llenan el hogar de armonía y paz y fomentan un vínculo más profundo con el mundo natural."

NUI STUDIO

www.nui-studio.com

@nui.studio

Photo credits:

© Nui Studio

MYGDAL PLANTLIGHT

Materials:
Mouth-blown glass, powder-coated aluminium.
Dimensions:
W 320 mm x H 420 mm (small pendant)
W 480 mm x H 700 mm (large pendant)

The Mygdal Plantlight is an indoor garden that allows plants to grow in windowless spaces. The design combines a lamp and a hermetically sealed mo uth-blown glass terrarium, which allows for a self-sustained ecosystem. The Mygdal Plantlight can easily be taken apart to facilitate the change of plant display. Its name is a tribute to Danish glassmaker Peter Kuchinke from Mygdal and means, loosely translated, "fertile soil".

Materiales:
Cristal soplado, aluminio acabado epoxi.
Dimensiones:
AN 320 mm x AL 420 mm (colgante pequeño)
AN 480 mm x AL 700 mm (colgante grande)

El Mygdal Plantlight es un jardín interior que permite que las plantas crezcan en espacios sin ventanas. El diseño combina una lámpara y un terrario de vidrio soplado herméticamente sellado, creando un ecosistema autosuficiente. El Mygdal Plantlight se puede desmontar fácilmente para facilitar el cambio de plantas. Su nombre es un homenaje al vidriero danés Peter Kuchinke de Mygdal y significa, traducido literalmente, "tierra fértil".

In the Mygdal Plantlight, plants can grow with no sunlight and don't require regular watering. When the LED light is switched on, the plants are able to produce oxygen by photosynthesis. When it is switched off, the plants live off the oxygen.

En el Mygdal Plantlight, las plantas pueden crecer sin luz solar y no requieren riego regular. Cuando se enciende la luz LED, las plantas son capaces de producir oxígeno por fotosíntesis. Cuando se apaga, las plantas viven del oxígeno.

JEFFREY TERRARIUMS

www.jeffreyterrariums.com
jeffreyterrariums.tumblr.com
Photo credits:
© Jeffrey Schneider

All of Jeffrey's creations, whether they be terrariums or installations, are one-of-a-kind. Every project is a collaboration. The client is involved in every aspect of the project, from the shape of a terrarium to the planting scheme. Jeffrey hopes to evoke an accurate representation of nature using the Taoist principles of proportion and scale.

Todas las creaciones de Jeffrey, ya sean terrarios o instalaciones, son únicas. Cada proyecto es una colaboración. El cliente está involucrado en todos los aspectos del proyecto, desde la forma de un terrario hasta el esquema de plantación. Jeffrey espera evocar una representación precisa de la naturaleza utilizando los principios taoístas de proporción y escala.

Jeffrey designs his own hand-blown glass terrariums. He finds inspiration in natural shapes such as gourds, mushrooms, fungi, and legumes. He says he has always admired artists Anish Kapoor, and Dale Chihuly who find inspiration in organic and biomorphic shapes.

Jeffrey diseña sus propios terrarios de vidrio soplado a mano. Se inspira en formas naturales como calabazas, hongos y legumbres. Siempre ha admirado a los artistas Anish Kapoor y Dale Chihuly que se inspiran en las formas orgánicas y biomórficas.

AIR PLANTS

AIR PLANTS AIR PLANTS AIR PLANTS AIR PLANTS AIR PLANTS AIR PLANTS AIR PLANTS AIR PLANTS AIR PLANTS

AIR PLANTS
PLANTAS DE AIRE

They are an original, simple, clean and exotic solution to decorate any place. They need very little care, so they are also ideal for beginners, such as business decoration, offices and studios where they don't require hardly maintenance.

Son una solución original, simple, limpia y exótica para decorar cualquier lugar. Necesitan muy pocos cuidados, por lo que también son ideales para principiantes, o como decoración para oficinas y locales donde no requieran apenas mantenimiento.

The air plants can grow on stones, moss, sand... The roots serve them only as a fixation, taking water and nutrients from the air through their leaves.

Las plantas de aire, pueden crecer sobre piedras, musgo, arena... Las raíces les sirven únicamente como sujección, tomando el agua y los nutrientes del aire a través de sus hojas.

> Image courtesy of Richard Clarkson

DECOR-TIP

They are ideal to place them in several mini terrarium, but any holder that allows the entry of air will be suitable.

Son ideales para colocar en varios mini terrarios, pero cualquier soporte que permita la entrada de aire será adecuado.

Care Tips

Air Plants / Plantas de Aire

Make sure you do not leave excess water where you are going to place your plant after moistening it. The most effective is to let it drain in a towel for a few minutes.
Asegúrate de no dejar exceso de agua donde vayas a colocar tu planta después de humedecerla. Lo más efectivo es dejarla escurrir en una toalla durante unos minutos.

Place it in a bright place, with indirect sunlight. Direct sunlight is not recommended.
Colocar en un sitio luminoso, con luz indirecta. El sol directo no es recomendable.

Immerse your air plant in a container filled with water for a few minutes once or twice a week in the summer months, and once a week in the winter months (warm climates). Once a week in the summer months, and once every 15 days in the winter months (cold climates).
Sumergir en un recipiente con agua tu planta de aire durante unos minutos una o dos veces a la semana en los meses de verano, y una vez a la semana en los meses de invierno (climas cálidos). Una vez a la semana en los meses de verano, y una vez cada 15 días en los meses de invierno (climas fríos).

These plants do not like cold weather, they need temperatures above 10 degrees.
Son especies que no les gusta el clima frío, han de tener temperaturas superiores a 10 grados.

Image courtesy of Twing Terrariums

-MAKER-

MICHELLE BAILYN-INCIARRANO AND KATY MASLOW TWIG TERRARIUMS

www.twigterrariums.com

@twigterrariums

Photo credits:

© Twig Terrariums

Twig Terrariums, combining their profound love of nature and design, Michelle and Katy share their creative design skills, knowledge of plant types and care regimens in their workshops for the budding or professional botanist. The mission is simple: bring contained life into every urban home.

Twig Terrariums, combinando su profundo amor por la naturaleza y el diseño, Michelle y Katy comparten sus habilidades creativas de diseño, conocimiento de tipos de plantas y regímenes de cuidado en sus talleres para el botánico en ciernes o profesional. La misión es simple: llevar una burbuja de vida a cada hogar urbano.

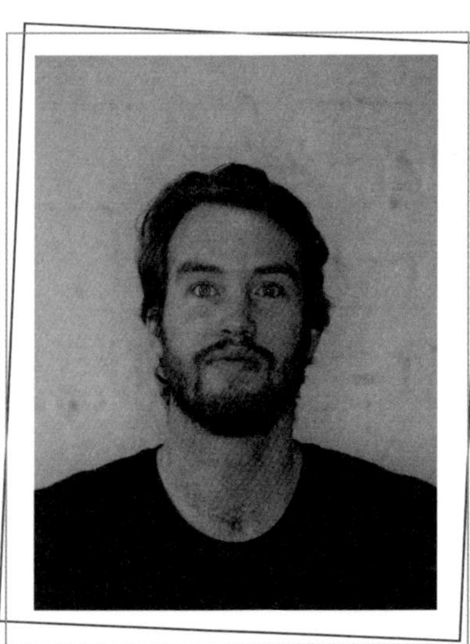

RICHARD CLARKSON

www.richardclarkson.com

@richardclarksonstudio

Photo credits:

© Grace Jeon

LOOPS

Materials:
Leather and grommet
Loop is a simple display system made of a Vegetan sheep hide leather strap. Originally conceived as an air plant holder, the design was further developed to hold plants of different sizes and other objects. It comes in three sizes —small, medium and large. Its simple installation only requires a screw. One Loop looks great on its own, adding a subtle decorative accent to a room, but it can be displayed in groups for a more pronounced effect.

Materiales:
Cuero y arandela
Loop es una sencilla correa de piel de oveja curtida con taninos vegetales en lugar de químicos. Originalmente concebida como un porta-plantas de aire, el diseño fue desarrollado para sujetar plantas de diferentes tamaños y otros objetos. Se produce en tres tamaños: pequeño, mediano y grande. Su sencilla instalación sólo requiere un tornillo. Un Loop se ve muy bien por sí solo, añadiendo un sutil toque decorativo a una habitación, pero se puede mostrar en grupos para un efecto más pronunciado.

LOOP.
by
RCS.

LOOP.
by
RCS

GROUPING PLANTS

GROUPING PLANTS
COMPOSICIONES

Grouping plants is a great décor option when trying to fill an empty spot in a room. The type of plants, the number and the arrangement depend on the amount of space to fill. They can rest on the floor, on stands and tables to create a balanced composition of form, colour variation and texture.

Agrupar plantas es una excelente opción decorativa cuando se desea llenar un hueco en una habitación. La variedad, número y disposición de las plantas dependen de la cantidad de espacio a llenar. Pueden apoyarse en el suelo, sobre pedestales o muebles para crear una composición equilibrada de formas, variaciones de color y textura.

Use common species that are able to adapt to the same conditions (light, temperature...), this way they will live well all year round.

Utiliza especies comunes, que se adapten a las mismas condiciones (luz, temperatura...), de esta manera vivirán bien todo el año.

DECOR-TIP

Plant accessories such as planters and stands enhance the beauty of plants. They also help integrate plants in the décor of a room as they come in an infinite array of styles, shapes and materials.

Los accesorios para jardín, como macetas y pedestales, realzan la belleza de las plantas. También ayudan a integrarlas en la decoración de una habitación, ya que vienen en una infinita variedad de estilos, formas y materiales.

DECOR-TIP

Plants and pots give value to each other. A beautiful plant needs a nice pot and vice versa. Choosing the right style, shape and material is key to achieving a more remarkable visual effect. Making beautiful plant compositions can contribute to the separation of areas, just as room dividers, furniture or carpets would.

Las plantas y las macetas se dan valor mutuamente. Una planta hermosa necesita una maceta bonita y viceversa. Elegir el estilo, la forma y el material adecuado es clave para conseguir un efecto visual más notable. Realizar magníficas composiciones de plantas puede contribuir a la separación de áreas, al igual que lo harían mamparas, muebles o alfombras.

ESTÚDIO PARRADO

www.estudioparrado.com
@estudioparrado
Photo credits:
© Bruna Hosti

GARDEN MODULES

Materials
Carbon steel, concrete, polypropylene string
ColoUr options:
White and black
Dimensions:
W 565 mm x D 255 mm x H 510 mm
Garden Modules is a shelving system designed around geometric patterns. A single module is composed of a steel tubing structure and two concrete shelves. The combination of various modules allows for the creation of customized arrangements with shelves that easily fit within the steel structure with no additional hardware. The design, which seems to take cue from the vertical garden concept, adds dimension to any space while saving floor area.

Materiales
Acero al carbono, cemento, cuerda de polipropileno
Opciones de color:
Blanco y negro
DimensionEs:
AN 565 mm x PR 255 mm x AL 510 mm
Garden Modules es un sistema de estanterías basado en patrones geométricos. Un solo módulo se compone de una estructura de tubos de acero y dos estantes de cemento. La combinación de varios módulos permite la creación de montajes personalizados con estantes que encajan fácilmente dentro de la estructura de acero sin piezas adicionales. El diseño, que parece seguir el ejemplo del concepto de jardín vertical, añade dimensión a cualquier espacio a la vez que ahorra espacio.

Suitable for interior and exterior use, the shelving system adds a subtle industrial touch to a home's décor. Garden Module was the recipient of a Bronze at the 2017 European Product Design Awards.

Adecuado para interiores y exteriores, este sistema de estanterías añade un sutil toque industrial a la decoración del hogar. Garden Modules recibió un bronce en la edición 2017 del European Product Design Award.

SUPAFORM

MAXIM CHERBAKO
SUPAFORM

http://supaform.studio
@Supaform
@maxim_scherbakov
Photo credits:
© Alexey Galkin

SPUTNIK-5

Materials
Carrara marble and powder-coated steel.
Dimensions:
W 550 x D 450 mm x H 550
Sputnik-5 lives up to its name. Its eye-catching design is inspired by the Soviet satellite that took living beings into space and back to Earth, safely. Sputnik-5 is a coffee table that doubles as a planter. Plants grow within a pyramidal structure and through an open capstone passing through a removable marble top. Without the top, Sputnik-5 can be used as a plant stand, but it can also be completely disassembled so that each part can be displayed independently as a decorative item.

Materiales
Mármol de Carrara y acero con recubrimiento en polvo.
Dimensiones:
AN 550 x PR 450 mm x AL 550
El Sputnik-5 hace honor a su nombre. Su llamativo diseño está inspirado en el satélite soviético que llevó seres vivos al espacio y los trajo de vuelta a la Tierra de forma segura. Sputnik-5 es una mesa de centro que también sirve como macetero. Las plantas crecen dentro de una estructura piramidal y a través de una cúpula abierta que atraviesa una mesa de mármol removible. Sin la mesa, el Sputnik-5 puede utilizarse como soporte para plantas, pero también puede desmontarse, de modo que cada pieza, de forma independiente, se convierte en un elemento decorativo.

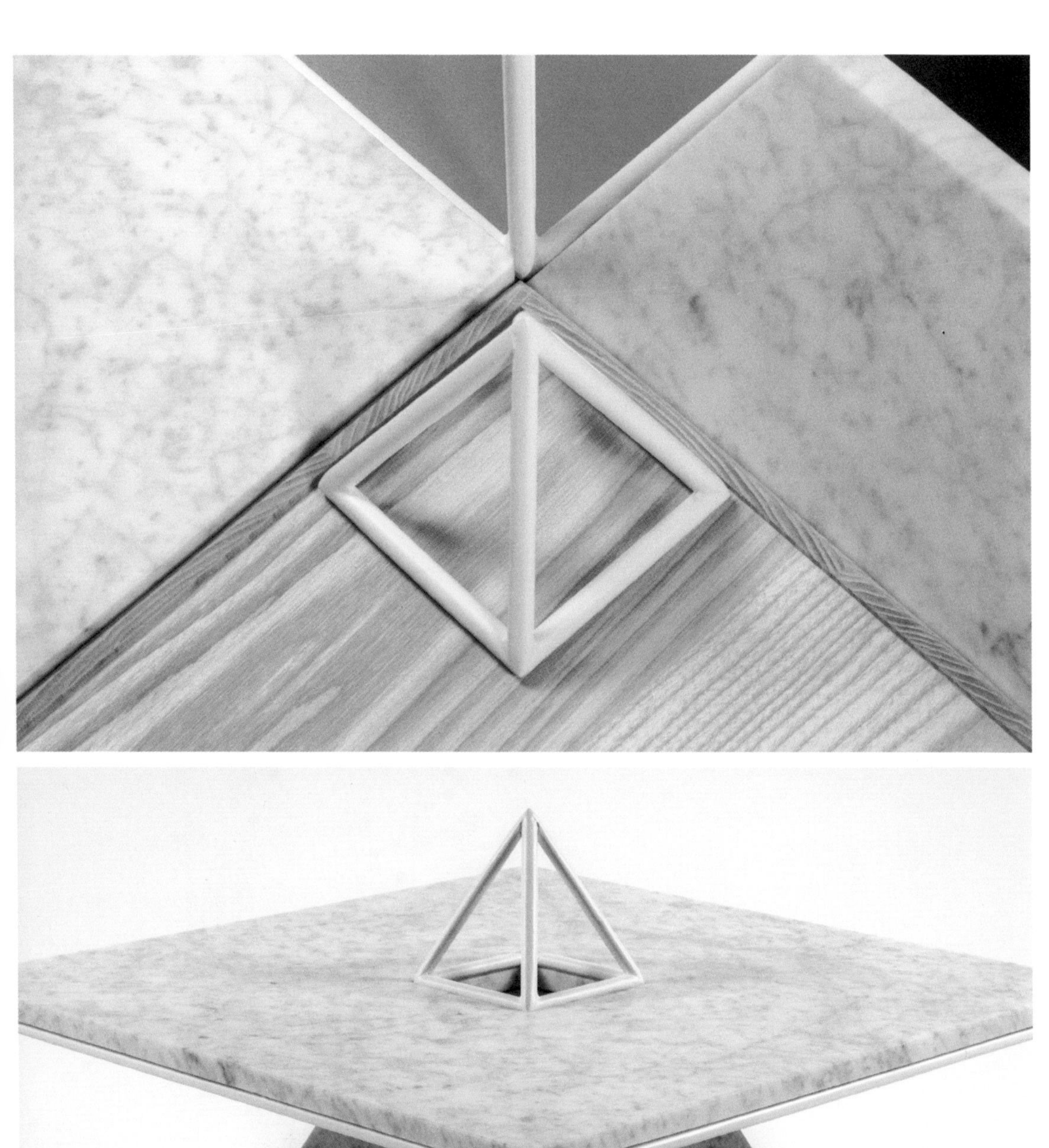

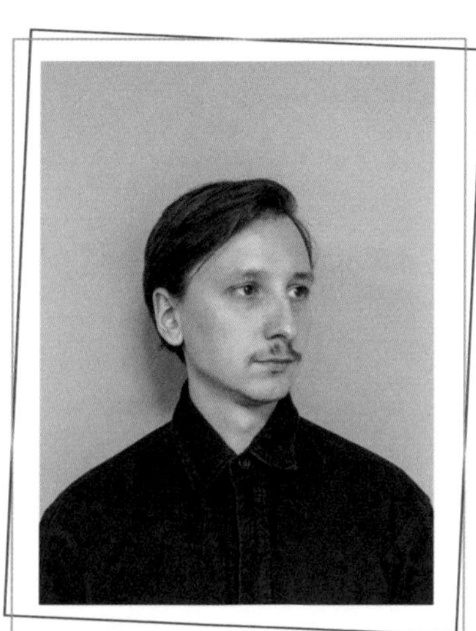

FACULTATIVE WORKS

@falcutative.works

Photo credits:

© Lesha Galkin

PLANTHOLDER

Materials:
Steel, marble and wood.
Dimensions:
W 530 x D 460 mm x H 1046.

Plantholder by Facultative Works is all about number three: three levels, three materials and three legs. This colourful plant stand with shelves encourages creative arrangements of potted plants alone or mixed with other items adding visual interest in any room of the house. The artistic and functional qualities of this stand make for the perfect end table or an eye-catching focal point in a corner of the living room.

Materiales:
Acero, mármol y madera.
Dimensiones:
AN 530 x PR 460 mm x AL 1046.

El diseño de Plantholder por Facultative Works se basa en el número tres: tres niveles, tres materiales y tres patas. Esta colorida pieza de mobiliario con estanterías invita a realizar combinaciones creativas de plantas y otros objetos, añadiendo interés visual en cualquier habitación de la casa. Las cualidades artísticas y funcionales de este estante lo convierten en la mesa auxiliar perfecta o en un atractivo punto focal en un rincón del salón.

HASS & CO BOTANICS

www.hasscobotanics.com.au

@hass_co_botanics

Photo credits:

© Casey O'Callahan, owner of Hass & Co Botanics

Hass & Co Botanics came to life in response to their owners, Casey, Cal and their Beloved bichon, Misty's need to connect with the natural world. Encouraged by Casey's passion for nature and greenery, and fuelled by both Cal and Casey's extensive experience in retail, Hass & Co Botanics sprung into life at the tail of 2017, offering a wide variety of plants and contemporary accessories that bring a pop of green into people's lives.

Hass & Co Botanics nació en respuesta a la necesidad de sus propietarios, Casey, Cal y su querido bichón, Misty, de conectarse con el mundo natural. Hass & Co Botanics nació a finales de 2017, fruto de la pasión de Casey por la naturaleza y el medio ambiente y la amplia experiencia tanto de Cal como de Casey en el mudo de las ventas. La tienda ofrece una amplia variedad de plantas y accesorios contemporáneos que aportan un elemento verde a la vida de las personas.

Hass
&co
BOTANICS

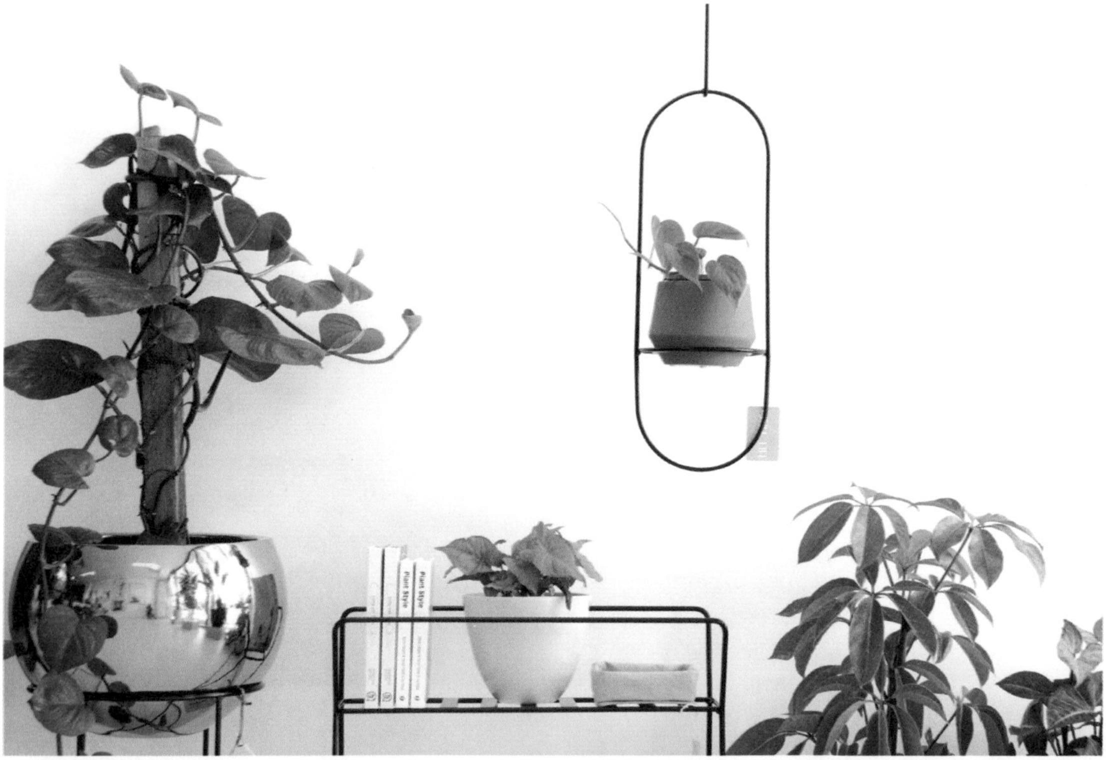
Plant Style
Plant Style

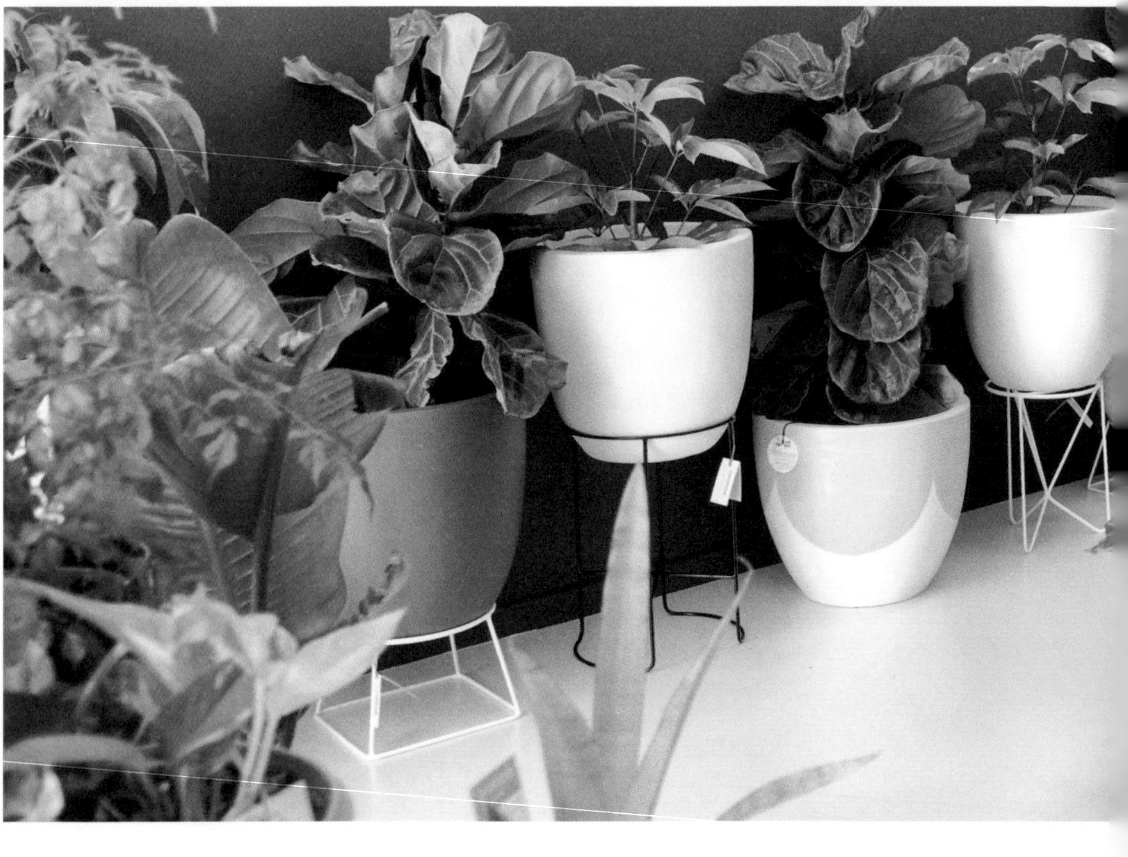

MOISTURE LOVING PLANTS

MOISTURE-LOVING PLANTS

PLANTAS AMANTES DE LA HUMEDAD

We don't usually see plants in bathrooms, because the excess of moisture, the heat and the insufficient natural light might seem an inappropriate environment. In reality, there are a lot of plants that thrive in low light, high humidity and hot places: orchids, air plants, pothos, aloe vera, and ivy among many others.

No solemos ver plantas en los cuartos de baño, porque el exceso de humedad, el calor y la insuficiente luz natural pueden parecer condiciones inadecuadas. En realidad, hay muchas plantas que crecen con poca luz, mucha humedad y calor: las orquídeas, las plantas de aire, potos, aloe vera y hiedra, entre muchas otras, son claros ejemplos.

String of bananas plants are hardy and easy to grow, ideally suitable for bathrooms. It is perfect for placing on windowsills or shelves.

La cadena de bananas es robusta y fácil de cultivar, además de ser perfectamente adecuada para los cuartos de baño. Cuelga en cascada y es más apropiada para colocar en el alféizar de ventanas o en estanterías.

Snake plant / Sansevieria

You will have to transplant it if the roots start to come out of the drainage holes. Use a good soil for indoor pot, not garden soil.
Deberás trasplantarla si las raíces empiezan a salir de los hoyos de drenaje. Usa una buena tierra para macetas de interiores, no tierra de jardín.

With fluorescent light or other lighting it will have enough light to grow well. If you place it in a window, rotate the pot weekly so that it is exposed to light evenly.
Con luz fluorescente u otra iluminación tendrá la luz suficiente para crecer bien. Si la colocas en una ventana, gira la maceta semanalmente para que se exponga a la luz de manera uniforme.

Water the plant when the soil is dry to prevent the root from rotting, try to keep the water away from the center of the cluster of leaves.
Riega la planta cuando la tierra esté seca para evitar que la raíz se pudra, procura mantener el agua lejos del centro del cúmulo de hojas.

Between 5°C and 30°C
Entre los 5°C y 30°C

There are an infinite variety of moisture-loving plants that can give any bathroom a tropical atmosphere. From bamboo, to croton and Chinese evergreen plant specimens with their colourful and variegated foliage.

Hay una variedad infinita de plantas amantes de la humedad capaces de dar a cualquier cuarto de baño una atmósfera tropical. Desde el bambú, hasta el crotón y la aglaonema con su colorido y jaspeado follaje.

RICHARD CLARKSON

www.richardclarkson.com

@richardclarksonstudio

Photo credits:

© Grace Jeon

GLOBE

Globe is also exceptionally suited as an aquatic planter. Its minimalistic design creates the magical visual effect of a hovering glass sphere, more intensely when Globe is lit up in a dark room.

Globe también es excepcionalmente adecuado como jardinera acuática. Su diseño minimalista crea el mágico efecto visual de una esfera de vidrio flotante, aún más intenso cuando Globe se ilumina en una habitación oscura.

ALICJA PATANOWSKA

www.patanowska.com

@alicja_patanowska

Photo credits:

© Radek Berent

The funnel-shaped porcelain containers can fit into any water or wine glass. One of the containers was designed to double as a mini greenhouse when turned upside down, allowing for the germination of seeds.

Los recipientes de porcelana en forma de embudo pueden caber en cualquier vaso de agua o de vino. Uno de los recipientes fue diseñado para funcionar como mini invernadero colocándolo boca abajo para permitir la germinación de las semillas.

PLANTATION

Materials:
Porcelain
Dimensions:
Ø 97 mm x H 72 mm
Ø 82 mm x H 85 mm
Ø 107 mm x H 80 mm
Ø 100 mm x H 75 mm
Care and use:
Dishwasher safe.
The design concept behind Plantation was born by the desire to repurpose discarded drinking glasses. This led artist Alicja Patanowska to search the streets of London collecting glasses of all sizes and shapes that she later categorised. This categorisation originated the design of four white porcelain containers for plants that can be inserted into the most common glasses used in our daily lives.

Materiales:
Porcelana
Dimensiones:
Ø 97 mm x AL 72 mm
Ø 82 mm x AL 85 mm
Ø 107 mm x AL 80 mm
Ø 100 mm x AL 75 mm
Cuidado y uso:
Apto para lavavajillas.
El concepto de Plantation nació del deseo de reutilizar vasos desechados. Esto llevó a la artista Alicja Patanowska a recorrerse las calles de Londres en busca de vasos de todos los tamaños y formas que luego clasificó. Esta clasificación originó el diseño de cuatro contenedores de porcelana blanca que pueden ser insertados en los vasos más utilizados en nuestra vida cotidiana.

PLANTATION

The containers are made to expose the plants' growing process to full view. This design should be understood as process art, using the principles of hydroponics, which are based on the soil-less cultivation of plants.

Los recipientes están hechos para hacer visible el proceso de crecimiento de las plantas. Este proceso debe entenderse como arte procesual, utilizando los principios de la hidroponía, que se basan en el cultivo de plantas sin tierra.

AROMATIC HERBS

AROMATIC HERBS AROMATIC HERBS AROMATIC HERBS AROMATIC HERBS AROMATIC HERBS

AROMATIC HERBS
HIERBAS AROMÁTICAS

Growing herbs such as rosemary, thyme, basil, parsley, mint, oregano and cilantro can be easy provided some rules are followed. Abundant light and adequate temperature and ventilation are critical.
When it comes to watering, plants may have different needs and, therefore, each plant should be planted in a separate pot.

El cultivo de hierbas aromáticas como romero, tomillo, albahaca, perejil, menta, orégano o cilantro puede ser fácil si se siguen algunas reglas. La luz abundante y una temperatura y ventilación adecuadas son indispensables. En cuanto al riego, las plantas pueden tener necesidades diferentes y por lo tanto, cada planta debe plantarse por separado.

Aromatic herbs are one of the few plants that can live for several years in the same pot, without having to transplant them.

Las hierbas aromáticas son de las pocas plantas que pueden vivir durante varios años en la misma maceta, sin necesidad de trasplantarlas.

DECOR-TIP
A vertical garden in the kitchen is particularly practical, providing the opportunity to grow aromatic herbs while being a decorative element visible from any corner of the space.
Un jardín vertical en la cocina es particularmente práctico, brindando la oportunidad de cultivar hierbas aromáticas a la vez que es un elemento decorativo visible desde cualquier rincón del espacio.

^ Image courtesy of David Marcil

Care Tips

Lavender / Lavanda

Pruning is one of the most important care of the lavender, this should never exceed half the size of the plant.
Be careful! If it is fertilized too much this can cause the lavender to lose its spectacular aroma.
La poda es uno de los cuidados más importantes de la lavanda, esta nunca debe superar la mitad del tamaño de la planta.
¡Alerta! Si se fertiliza demasiado puede provocar que la lavanda pierda su espectacular aroma.

It needs a lot of light and direct sunlight.
Necesita mucha luz y sol directo.

Lavender requires little watering. In the warm months it is recommended water once a week, making sure the substrate is dry.
La lavanda requiere poco riego. En los meses de calor se recomienda regarla una vez a la semana, siempre que el sustrato esté seco.

Between 15°C and 20°C
Entre los 15°C y 20°C

Planting tables, trays, and germinating boxes of vegetables and aromatic herbs are ideal for those with a green thumb, enjoying the care of plants as much as what they produce.

Las mesas de trabajo, bandejas y cajas de germinación de verduras y hierbas aromáticas son ideales para aquellos con conciencia ecológica que disfrutan tanto del cuidado de las plantas como de lo que éstas producen.

DAVID MARCIL

www.behance.net/marcildavid
Photo credits:
© David Marcil

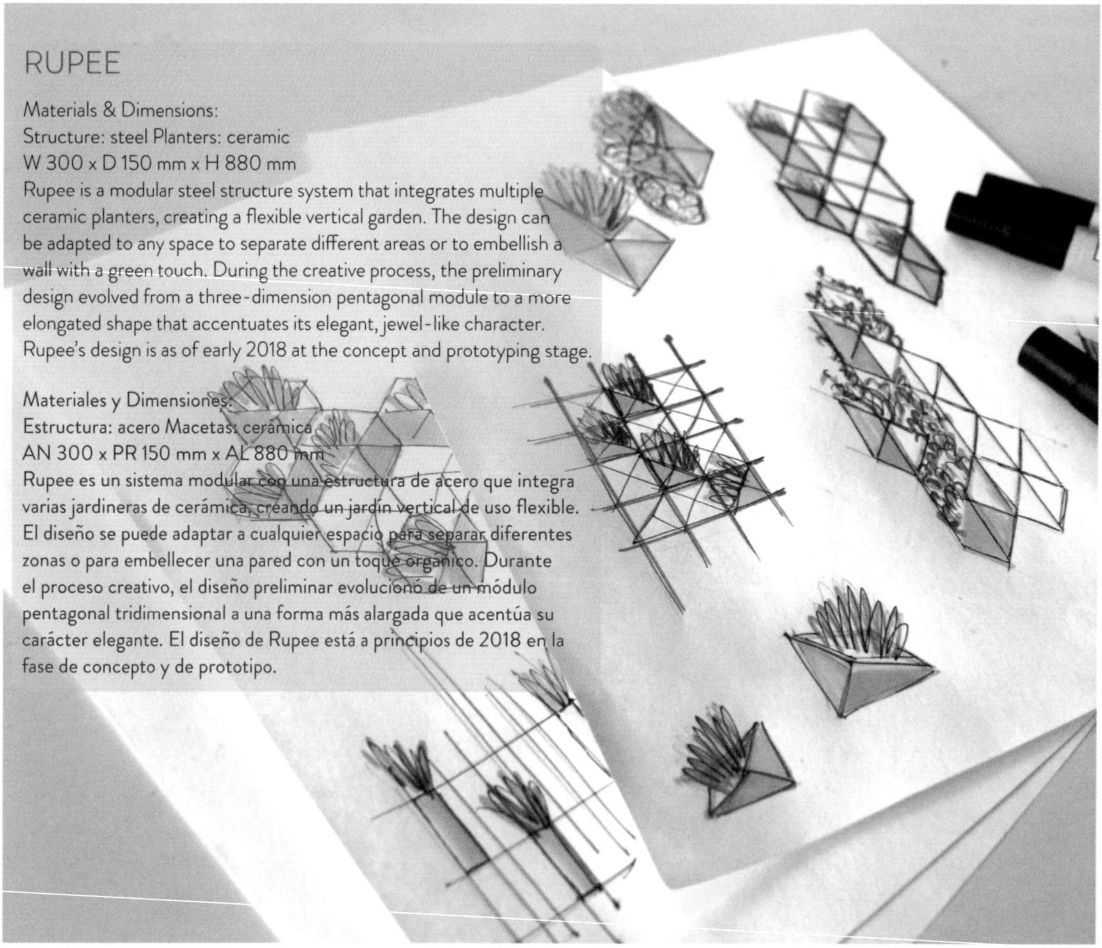

RUPEE

Materials & Dimensions:
Structure: steel Planters: ceramic
W 300 x D 150 mm x H 880 mm
Rupee is a modular steel structure system that integrates multiple ceramic planters, creating a flexible vertical garden. The design can be adapted to any space to separate different areas or to embellish a wall with a green touch. During the creative process, the preliminary design evolved from a three-dimension pentagonal module to a more elongated shape that accentuates its elegant, jewel-like character. Rupee's design is as of early 2018 at the concept and prototyping stage.

Materiales y Dimensiones:
Estructura: acero Macetas: cerámica
AN 300 x PR 150 mm x AL 880 mm
Rupee es un sistema modular con una estructura de acero que integra varias jardineras de cerámica, creando un jardín vertical de uso flexible. El diseño se puede adaptar a cualquier espacio para separar diferentes zonas o para embellecer una pared con un toque orgánico. Durante el proceso creativo, el diseño preliminar evolucionó de un módulo pentagonal tridimensional a una forma más alargada que acentúa su carácter elegante. El diseño de Rupee está a principios de 2018 en la fase de concepto y de prototipo.

ALICJA PATANOWSKA

www.patanowska.com

@alicja_patanowska

Photo credits:

© Radek Berent

LAB SERIES: HERBLAB & MUSHROOMLAB

Materials & Dimensions:
Porcelain
Ø 280 mm x H 280mm
MushroomLAB is a unique greenhouse with an etched glass top that filters the light and a ceramic base that maintains an adequate humidity level. Inspired by morning dew in the forest, MushroomLAB creates the optimal environment to grow herbs and mushrooms. In collaboration with MANUFAKTURA, a traditional Polish stoneware manufacture and KROSNO, a glassware factory, Alicja Patanowska fuses nature and craftsmanship.

Materiales y Dimensiones:
Cerámica y cristal esmerilado
Ø 280 mm x AL 280mm
MushroomLAB es un invernadero único con una parte superior de cristal esmerilado que filtra la luz y una base de cerámica que mantiene un nivel de humedad adecuado. Con un diseño inspirado por el rocío matutino en el bosque, MushroomLAB crea el ambiente óptimo para cultivar hierbas y hongos. En colaboración con MANUFAKTURA, un fabricante tradicional de gres polaco, y KROSNO, una fábrica de productos de cristal, Alicja Patanowska fusiona naturaleza y artesanía.

OUTDOOR PLANTS

OUTDOOR PLANTS
PLANTAS DE EXTERIOR

Outdoor areas such as courtyards and terraces are generally designed to extend interior living areas to the outdoors, and bring nature to the interior.

Los patios y las terrazas están generalmente diseñadas para extender los espacios interiores de la vivienda al aire libre, así como para introducir la naturaleza al interior.

A terrace can make for the perfect lounging spot. The amount of plants is up to one to decide: lush and bushy or restrained and manicured.

Una terraza puede ser el lugar perfecto para descansar. La cantidad de plantas las decide uno mismo para crear ambientes exuberantes y tupidos o bien restringidos y cuidados.

A sensible use of plants, materials, colors and decorative items can transform a patio, entrance hall or terrace into a customized outdoor living space that can be used to enjoy.

El uso cuidadoso de plantas, materiales, colores y elementos decorativos puede transformar un patio, una entrada o una terraza en un espacio al aire libre personalizado del que se puede disfrutar.

Hanging baskets with plants are a wonderful decorative resource for the porch, terrace or balcony of our house.

Las cestas colgantes con plantas son un magnífico recurso decorativo para el porche, la terraza o el balcón de nuestra casa.

You have to draw on creative design solutions to create high impact visual effects. A wall plant wall allows plants to become the center of attention, while covering the wall.

Hay que recurrir a creativas soluciones de diseño para crear efectos visuales de alto impacto. Un muro vegetal permite que las plantas se conviertan en el centro de atención, a la vez que cubren la pared.

DECOR-TIP

One common issue that large terraces and small balconies share is privacy. Plants can create a privacy screen while making outdoor spaces look charming and cosy. Shrubs, vines, and tall grasses —grown in pots or in the ground— can provide a low-cost, permanent or temporary solution.

Un tema común que comparten las terrazas y los balcones es la cuestión de la privacidad. Las plantas pueden formar una pantalla convirtiendo los espacios al aire libre en entornos encantadores y protegidos. Los arbustos, las plantas trepadoras y las gramíneas más altas, en macetas o en la tierra, pueden proporcionar una solución de bajo coste, bien sea permanente o temporal.

DECOGREEN

www.decogreen.com.br
@deco__green
Photo credits:
© Matheus Tanajura

Materials: Clay, wood, steel and fabric
DecoGREEN brings gardening solutions for city dwellers who have little space and time to spare. Hugo and Aline Hermida are brother and sister, founders of DecoGREEN. Along with Mattheus Tanajura, architect and graphic designer, the team offers practical and playful products, fusing technical knowledge, designs inspired by nature, and an eye for home décor. The goal is to awake people's interest and curiosity toward plants, which, according to Hugo and Aline, bring harmony and happiness to a home.

Materiales: Arcilla, madera, acero y tela
DecoGREEN ofrece soluciones de jardinería para los habitantes de la ciudad que tienen poco espacio y tiempo libre. Hugo y Aline Hermida son hermanos, fundadores de DecoGREEN. Junto con Mattheus Tanajura, arquitecto y diseñador gráfico, el equipo ofrece productos prácticos y lúdicos, fusionando conocimientos técnicos, diseños inspirados en la naturaleza y un ojo para la decoración del hogar. El objetivo es despertar el interés y la curiosidad de la gente por las plantas, que, según Hugo y Aline, aportan armonía y felicidad a un hogar.

Fabric containers are a more plant-conscious alternative to the standard ceramic or plastic nursery pots. Fabric containers allow the plants' root system to breath. They promote air and light pruning of the roots, which improves the root system, and provide excellent drainage, preventing overwatering.

Las bolsas de tela son una alternativa quizás más respetuosa con el medio ambiente que las macetas de cerámica o plástico estándar para viveros. Los contenedores de tela permiten que el sistema radicular de las plantas respire. Favorecen la poda aérea y ligera de las raíces mejorando el sistema radicular, y proporcionan un excelente drenaje, evitando el riego excesivo.

DecoGREEN's designs offer plant stands, flowerpot holders, shelving systems, and a wide assortment of clay pots, plenty of creative ideas to transform living spaces —indoors and outdoors— into breathtaking urban jungles.

Los diseños de DecoGREEN ofrecen soportes para macetas, sistemas de estanterías y un amplio surtido de macetas de barro, muchas ideas creativas para transformar espacios -interiores y exteriores- en impresionantes selvas urbanas.

BAG DISSENY STUDIO LIVINGTHINGS

www.studiobagdisseny.com
www.wearelivingthings.com
@wearelivingthings
Photo credits:
© JORROC and BAG Disseny Studio

VOLTASOL - THE ROLLING FLOWERPOT

Materials & Dimensions:
Ceramic and paint
Ø 280 mm x H 290 mm (Large)
Ø 180 mm x H 190 mm (Medium)
Ø 135 mm x H 130 mm (Mini)
Ø 75 mm x H 70 mm (Nano)
Voltasol spins. The pot has a shallow conical bottom that causes a subtle inclination of the pot. Voltasol was designed to rotate following the sun's path —which explains his particular inclination— in order to optimise the growth of plants. The movement can be induced by a simple push of a finger or by the wind. Voltasol is handmade with red ceramic from La Bisbal d'Empordà, Girona. Its simple design and craftsmanship combine the best of the natural world and high quality with a deep respect for the environment.

Materiales y Dimensiones:
Cerámica y pintura
Ø 280 mm x AL 290 mm (grande)
Ø 180 mm x AL 190 mm (mediano)
Ø 135 mm x AL 130 mm (mini)
Ø 75 mm x AL 70 mm (nano)
Voltasol gira. La maceta tiene un fondo cónico poco pronunciado que provoca una sutil inclinación de la maceta. Voltasol fue diseñado para girar siguiendo la trayectoria del sol -lo que explica su particular inclinación- con el fin de optimizar el crecimiento de las plantas. El movimiento puede ser inducido por la simple presión con un dedo o por el viento. Voltasol está hecho a mano con cerámica roja de La Bisbal d'Empordà, Girona (España). Su sencillo diseño y artesanía combinan lo mejor del mundo natural y la alta calidad con un profundo respeto por el medio ambient

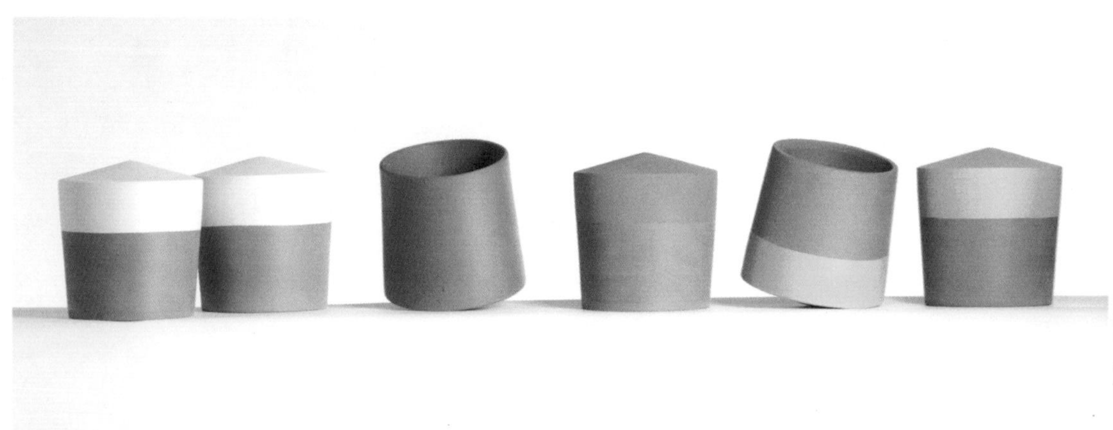